생명

샘터

차례

1

새해 … 10
봄 … 12
무春 … 13
창 밖은 오월인데 … 14
붉은 악마 … 15
비 개고 … 16
시내 … 17
바다 … 18
가을 … 19
시월 … 20

2

백날 애기 … 22
아가의 기쁨 … 23
아가의 슬픔 … 24
아가의 오는 길 … 25
아가의 꿈 … 26
어떤 아가의 근심 … 28
아가는 … 29
구슬 … 30
그림 … 31

새털 같은 머리칼을 적시며 … 32
기다림 … 34
교훈 … 35
어린 시절 … 36
어린 벗에게 … 37

3
편지 … 40
축복 … 41
아침 … 42
저녁때 … 43
꿈 1 … 44
꿈2 … 45
無題 … 46

4
단풍 … 48
山夜 … 49
후회 … 50
기다림 1 … 51
기다림 2 … 52
이슬 … 53
연정 … 54

5
타임즈 스퀘어 … 56
詩差 … 58
어떤 舞姬의 춤 … 60
驛長 … 62
파이프 … 63
연 … 64

6
생명 … 66
무악재 … 68
국민학교 문 앞을 지날 때면 … 69
벗에게 … 70
친구를 잃고 … 71
너는 이제 … 72
파랑새 … 73
1930년 上海 … 75
1945년 8월 15일 … 76
길쌈 … 77
그들 … 78

7
너는 아니다 … 80
순간 … 81

작은 기억 … 83
전해 들은 이야기 … 84
달무리 지면 … 85
생각 … 86
진달래 … 87
노젓는 소리 … 88

8

琴兒戀歌 1 … 90
琴兒戀歌 2 … 91
琴兒戀歌 3 … 92
琴兒戀歌 4 … 93
琴兒戀歌 5 … 94
琴兒戀歌 6 … 95
琴兒戀歌 7 … 96
琴兒戀歌 8 … 97
琴兒戀歌 9 … 98
琴兒戀歌 10 … 99
琴兒戀歌 11 … 100
琴兒戀歌 12 … 101
琴兒戀歌 13 … 102
琴兒戀歌 14 … 103
琴兒戀歌 15 … 104
琴兒戀歌 16 … 105
琴兒戀歌 17 … 106
琴兒戀歌 18 … 107

9

이순간 … 110
어느 해변에서 … 112
나의 가방 … 113
제2악장 … 114
어떤 오후 … 115
古木 … 116
이 봄 … 117
落花 … 118
서른 해 … 119
어떤 油畵 … 120
長壽 … 121
晩秋 … 122
殘雪 … 123
선물 … 124

10

저 안개 속에 스며 있느니 … 126
만남 … 127
새 … 129
고백 … 130
꽃씨와 도둑 … 131
기억만이 … 132
너 … 134
이런 사이 … 135
피천득의 시세계 | 진실의 아름다움 · 석경징 … 137

1

새해

새해는 새로워라
아침같이 새로워라

너 나무들 가지를 펴며
하늘로 향하여 서다

봄비 꽃을 적시고
불을 뿜는 팔월의 태양

거센 한 해의 풍우를 이겨
또 하나의 연륜이 늘리라

하늘을 향한 나무들
뿌리는 땅 깊이 박고

새해는 새로워라
아침같이 새로워라

봄

걸음걸음 봄이요
파—란 파란 빛 치맛자락
쳐다보면 하늘엔
끊어낸 자욱은 없네

早春

녹슬었을 심장, 그 속에는
젊음이 살아 있었나 보다
길가에 쌓인 눈이 녹으려 들기도 전에
계절이 바뀌는 것을 호흡할 때가 있다

피가 엷어진 혈관, 그 속에는
젊음이 숨어 있었나 보다
가로수가 물이 오르기 전에
걸음걸이에 탄력을 느낄 때가 있다

화롯불이 사위면 손이 시린데
진달래 내일이라도 필 것만 같다
해를 묵은 먼지와 같은 재, 그 속에는
만져 보고 싶은 불씨가 묻혔나 보다

창 밖은 오월인데

창 밖은 오월인데
너는 미적분을 풀고 있다
그림을 그리기에도 아까운 순간

라일락 향기 짙어가는데
너는 아직 모르나 보다
잎사귀 모양이 심장인 것을

크리스탈 같은 美라 하지만
정열보다 높은 기쁨이라 하지만
수학은 아무래도 수녀원장

가시에도 장미 피어나는데
'컴퓨터'는 미소가 없다
마리도 너도 고행의 딸

붉은 악마

붉은 악마들의
끓는 피
슛! 슛! 슛 볼이
적의 문을 부수는
저 아우성!
미쳤다, 미쳤다
다들 미쳤다
미치지 않는 사람은
정말 미친 사람이다.

비 개고

햇빛에 물살이
잉어같이 뛴다
"날 들었다!" 부르는 소리
멀리 메아리친다

시내

저 내를 따라서 가려네
흐르는 저 물을 따라서 가려네

흰 돌 바위틈으로 흐르는 물
푸른 언덕 산기슭으로 가는 내

내 저 내를 따라서 가려네
흐르는 저 물을 따라서 가려네

바다

저 바다 소리칠 때마다

내 가슴이 뛰나니

저 파도 들이칠 때마다

피가 끓나니

아직도 나의 마음

바다로 바다로 달음질치나니

가을

호수가 파랄 때는
아주 파랗다

어이 저리도
저리도 파랄 수가

하늘이, 저 하늘이
가을이어라

시월

친구 만나고
울 밖에 나오니

가을이 맑다
코스모스

노란 포플러는
파란 하늘에

2

백날 애기

뒤챈다
뒤챈다
뒤챈다

아이 숨차
아이 숨차
쌔근거린다

웃는 눈
웃는 눈
자랑스레 웃는 눈

아가의 기쁨

엄마가 아가 버리고 달아나면 어쩌느냐고
시집 가는 색시보다 더 고운 뺨을
젖 만지던 손으로 만져 봤어요

엄마는 아가 버리고 아무 데도 못 가겠다고
종알대는 작은 입을 맞춰 주면서
세 번이나 고개를 흔들었어요

아가의 슬픔

엄마!
엄마가 나를 나놓고
왜 자꾸 성화 멕힌다 그러나?

엄마!
나는 놀고만 싶은데
무엇 하러 어서 크라나?

아가의 오는 길

재깔대며 타박타박 걸어오다가
앙감질로 깡충깡충 뛰어오다가
깔깔대며 배틀배틀 쓰러집니다

뭉게뭉게 하얀 구름 쳐다보다가
꼬불꼬불 개미 거동 구경하다가
아롱아롱 호랑나비 쫓아갑니다

아가의 꿈

은투구 은갑옷
흰 말을 타고
달밤에 산길을
달리는 장사

타버덕 타버덕
언덕을 넘고
타버덕 타버덕
냇물을 넘고

달밤에 산길을
달리는 장사
은투구 은갑옷
흰 말을 타고

타버덕 타버덕
숲속을 지나
타버덕 타버덕
마을을 지나

어떤 아가의 근심

엄마!
아빠가 살아나면
어떻게 그 무덤 헐고 나올까?
흙 덮고 잔디 덮고 다져 놨는데

엄마!
아빠가 그 이상한 옷을 입고 어떻게 오나?
사람들이 우습다고 놀려먹겠지!

아가는

아가는
이불 위를 굴러갑니다
잔디 위를 구르듯이

엄마는
실에 꿴 바늘을 들고
그저 웃기만 합니다

차고 하얀
새로 시치는 이불
엄마도 구르던 때가 있었습니다

구슬

비 온 뒤 솔잎에 맺힌 구슬
따다가 실에다 꿰어 달라
어머니 등에서 떼를 썼소

만지면 스러질 고운 구슬
손가락 거칠어 못 딴대도
엄마 말 안 듣고 떼를 썼소

그림

나는 그림을 그릴 때면
하늘을 넓고 넓고 푸르게 그립니다

집과 자동차를 작게 그리고
하늘을 넓고 넓고 푸르게 그립니다

아빠의 눈이 시원하라고
하늘을 넓고 넓고 푸르게 그립니다

새털 같은 머리칼을 적시며

새털 같은 머리칼을 적시며
너는 찬물로 세수를 한다

"다녀오겠습니다" 인사를 하고
너는 아침 여덟시에 학교에 간다

학교 갔다 와 목이 마르면
너는 부엌에 가서 물을 떠먹는다

집에 누가 찾아오면
너는 웃으면서 문을 열어 준다

까만 눈을 깜박거리며
너는 산수 숙제를 한다

하늘 가는 비행기를 그리다가
너는 엎드려서 잠을 잔다

기다림

아빠는 유리창으로
살며시 들여다보았다

귓머리 모습을 더듬어
아빠는 너를 금방 찾아냈다

너는 선생님을 쳐다보고
웃고 있었다

아빠는 운동장에서
종 칠 때를 기다렸다

교훈

마음대로 되는 일이 별로 없는 세상이기에

참는 버릇을 길러야 한다고 타이르기도 하였다

이유 없는 투정을 누구에게 부려 보겠느냐

성미가 좀 나빠도 내버려 두기로 한다

어린 시절

구름을 안으러 하늘 높이 날던 시절

날개를 적시러 푸른 물결 때리던 시절

고운 동무 찾아서 이 산 저 산 넘나던 시절

눈 나리는 싸릿가지에 밤새워 노래 부르던 시절

안타까운 어린 시절은 아무와도 바꾸지 아니하리

어린 벗에게

사막에는 비가 아니 옵니다.

나무도 풀잎도 보이지 않고 모래만이 끝없이 끝없이 깔려 있는 곳이 사막입니다. 다른 땅에는 꽃이 피고 새가 울어도 사막에는 뽀—얀 모래 위에 봄바람이 이따금 불 뿐입니다. 다른 땅에는 푸른 잎새가 너울너울 늘어지고 그 사이로 차디찬 샘물이 흘러나려도, 사막에는 하얀 모래 위에 여름 바람이 이따금 불 뿐입니다. 다른 땅에는 갖은 곡식이 열고 노랗게 붉게 단풍이 들어도 사막에는 하얀 모래 위에 가을 바람이 이따금 불 뿐입니다. 다른 땅에는 눈이 나리고 얼음이 얼어도 저 사막에는 아무러한 변화도 없이 끝없는 모래 위에 이따금 겨울 바람이 불 뿐입니다.

그러나 어린 벗이여, 이 거칠고 쓸쓸한 사막에는 다만 혼자서 자라는 이름 모를 나무 하나가 있습니다. 깔깔한 모래 위에서 쌀쌀한 바람에 불려 자라는 어린 나무 하나가 있습니다.

 어린 벗이여, 기름진 흙에서 자라는 나무는 따스한 햇볕을 받아 꽃이 핍니다. 그리고 고이고이 나리는 단비를 맞아 잎이 큽니다. 그러나 이 깔깔한 모래 위에서 자라는 나무는, 쌀쌀한 바람에 불려서 자라는 나무는, 봄이 와도 꽃필 줄을 모르고 여름이 와도 잎새를 못 갖고 가을에는 단풍이 없이 언제나 죽은 듯이 서 있습니다.

 그러나 벗이여, 이 나무는 죽은 것은 아닙니다. 살아 있는 것입니다. 자라고 있는 것입니다.

 가을도 지나고 어떤 춥고 어두운 밤 사막에는 모진 바람이 일어, 이 어린 나무를 때리며 꺾으며 모래를 몰아다 뿌리며 몹시나 포악을 칠 때가 옵니다. 나의 어린 벗이여, 그 나무가 죽으리라고 생각하십니까, 아닙니다. 그때 이상하게도 그 나무에는 가지마다 부러진 가지에도 눈이 부시도록 찬란한 꽃이 송이송이 피어납니다. 그리고 이 꽃빛은 별 하나 없는 어두운 사막을 밝히고 그 향기는 멀리멀리 땅 위로 퍼져갑니다.

3

편지

오늘도 강물에
띄웠어요

쓰기는 했건만
부칠 곳 없어

흐르는 물 위에
던졌어요

축복

나무가 강가에 서 있는 것은
얼마나 복된 일일까요

나무가 되어 나란히 서 있는 것은
얼마나 복된 일일까요

새들이 하늘을 나는 것은
얼마나 기쁜 일일까요

새들이 되어 나란히 나는 것은
얼마나 기쁜 일일까요

아침

아침 일찍 일어나
해 떠오는 바다를 바라봅니다

구름 없는 하늘을 쳐다보면서
그곳 계신 엄마를 생각합니다

제풀대로 자라서
햇빛 속에 웃는 낯 보시옵소서

저녁때

긴 치맛자락을 끌고
해가 산을 넘어갈 때

바람은 쉬고
호수는 잠들고

나무들 나란히 서서
가는 해를 전송할 때

이런 때가 저녁때랍니다
이런 때가 저녁때랍니다

꿈　1

숲새로 흐르는 맑은 시내에
흰돛 단 작은 배 접어서 띄고
당사실 닻줄을 풀잎에 매고
노래를 부르며 기다렸노라

버들잎 늘어진 푸른 강 위에
불어온 봄바람 뺨을 스칠 때
젊은 꿈 나루에 잠들여 놓고
피리를 불면서 기다렸노라

꿈 2

흡사
버들가지 같다 하기에
꾀꼬리 우는 강가로 갔었노라

흡사
백조라기에
수선화 피는 호수로 갔었노라

無題

설움이 구름같이
피어날 때면
높은 하늘 파란 빛
쳐다봅니다

물결같이 심사가
일어날 때면
넓은 바다 푸른 물
바라봅니다

4

단풍

단풍이 지오
단풍이 지오

핏빛 저 산을 보고 살으렸더니
석양에 불붙는 나뭇잎같이 살으렸더니

단풍이 지오
단풍이 지오

바람에 불려서 떨어지오
흐르는 물 위에 떨어지오

山夜

짐승들 잠들고
물소리 높아지오

인적 그친 다리 위에
달빛이 짙어가오

거리낌 하나도 없이
잠 못 드는 밤이오

후회

산길이 호젓다고 바래다 준 달

세워 놓고 문 닫기 어렵다거늘

나비같이 비에 젖어 찾아온 그를

잘 가라 한 마디로 보내었느니

기다림 1

밤마다 눈이
나려서 쌓이지요

바람이 지나고는
스친 분도 없지요

봄이면 봄눈 슬듯
슬고야 말 터이니

자욱을 내달라고
발자욱을 기다려요

기다림 2

발자취 소리에 들은 고개

맑은 눈결에 수그러져라

걷는 뒤만 우러러보았느니

이슬

그리도 쉬이 스러져 버려
어느제 맺혔던가도 하시오리나
풀잎에 반짝인 것은 이슬이오니
지나간 순간은 의심치 마소서

이미 스러져 없어진 것을
아모레 여기신들 어떠시리만
그래도 그 순간이 가엾사오니
지나간 일이라 의심치 마소서

연정

따스한 차 한 잔에
토스트 한 조각만 못한 것

포근하고 아늑한
장갑 한 짝만 못한 것

잠깐 들렀던 도시와 같이
어쩌다 생각나는 것

5

타임즈 스퀘어

여기가 타임즈 스퀘어
42가와 세븐스 애비뉴가 부닥치는 곳
브로드웨이가 달겨드는 곳

하늘로 하늘로 스카이 스크레이퍼 솟아오르고
뉴스 타워 위에서 역사가 옆으로 흐르고 있다
눈이 아찔해지는 일루미네이션

본드 상점 지붕 위에
아담과 이브의 조각이 마주 서 있다
길에 사람이 그칠 때가 오면
나려와 둘이서 춤을 출 텐데

레이디오 씨티의 파란 불들 바라다보면

사막에서 잠을 깬 것 같다
향수는 스치고 지나가는 화살은 아니다

時差

새벽 여섯시
너는 지금 자고 있겠다
아니 거기는 오후 네시
도서관에 있겠구나
언제나 열넷을 빼면 되는데
다시 시간을 계산한다

학교 가는 뒷모습을
보고 또 보고
쓰고 가는 머플러를
담 너머 바라보던 나
어린것 두고 달아나는 마음으로
너를 떠나 보냈다

어느 밤 달이 너무 밝아
서울도 비치리라 착각했다지

열네 시간은 9천 마일!
밤과 낮을 달리한다
그러나 같은 순간은
時差를 뚫고
14는 0이 된다

어떤 舞姬의 춤

고개 숙여
악사들 줄을 울리고

자작나무 바람에 휘듯이
그녀 선율에 몸을 맡긴다

물결 흐르듯이
춤은 몹시 제약된 동작

"어찌 가려낼 수 있으랴
舞姬와 춤을"

白鳥 나래를 펴는 優雅
옥같이 갈아 다듬었느니

맨발로 가시 위를 뛰는 듯
춤은 아파라

驛長

퇴색한 금테두리 모자를 바로 하고
버릇으로 다리를 모으고 섰다

속력을 떨치는 디젤
젊은 교만이 미울 것도 없다

十七시 四十七분
백일홍 시드는 또 하루의 오후

파이프

눈보라 유리창을 흔들고
파이어플레이스 통장작 튀면서 타오른다
나는 쌈지와 파이프를 가져온다

지름길에서 한들거리던 코스모스
건널목에서 울고 있던 아이의 더러운 얼굴
"잊지는 마세요" 하던 어떤 여인의 말
파이프는 오래 전 이야기를 한다

시계추 소리가 들린다
타고 남은 불꽃이 얼굴을 비친다
울기에는 너무 슬픈 이 밤
내 파이프에 밤이 깊어간다

연

풀리는 대로 풀다가
튕겨 보고는
바빠지는……
다시 바람 따라
풀어 주는

청치마 서슬에
스칠세라
애쓰다가는
에라 거슬려
부딪치려는

6

생명

억압의 울분을 풀 길이 없거든
드높은 창공을 바라보라던 그대여
나는 보았다
사흘 동안 품겼던 달걀 속에서
티끌 같은 심장이 뛰고 있는 것을

실연을 하였거든
통계학을 공부하라던 그대여
나는 보았다
시계의 초침같이 움직거리는
또렷한 또렷한 생명을

살기에 싫증이 나거든
남대문 시장을 가보라던 그대여

나는 보았다
사흘 동안 품겼던 달걀 속에서
지구의 윤회와 같이 확실한
生의 生의 약동을!

무악재

긴 벽돌담을 끼고
어린 학생들이 걸어갑니다

당신이 지금도 생각하고 계실
그 어린아이들이
바로 지금 담 밖을 지나갑니다

작년 오월 원족 가던 날
그날같이 맑게 개인 이른 아침에
당신이 가르치던 어린것들이 걸어갑니다

당신을 잃은 지 벌써 일년
과거는 없고 희망만 있는 어린것들이
나란히 열을 지어 무악재를 넘어갑니다

국민학교 문 앞을 지날 때면

국민학교 문 앞을 지날 때면
꾀꼬리들이 배워 옮기는 참새 소리
번연히 그럴 줄을 알면서도
가슴이 뻐개지는 것 같았다

태극기 날리는 운동장에서
삼천리를 부르는 어린 목소리
나는 머—ㅇ하니 서 있고
눈물만이 눈물만이 솟아오른다

꿈에서라도 이런 꿈을 꾼다면
정녕 기뻐 미칠 터인데
나는 머—ㅇ하니 서 있고
눈물만이 눈물만이 흘러나린다

벗에게

어느제 궂었느냐
새파랗게 개이리라

쉬어서 가라거든
조바심을 왜 하오리

갈 길이 천리라 한들
젊은 그대 못 가리

친구를 잃고

生과 死는
구슬같이 굴러간다고

꽃잎이 흙이 되고
흙에서 꽃이 핀다고

영혼은 나래를 펴고
하늘로 올라간다고도

그 눈빛 그 웃음소리는
어디서 어디서 찾을 것인가

너는 이제

너는 이제 무서워하지 않아도 된다. 가난도 고독도 그 어떤 눈길도

너는 이제 부끄러워하지 않아도 된다. 조그마한 안정을 얻기 위하여 견디어 온 모든 타협을.

고요히 누워서 네가 지금 가는 곳에는 너같이 순한 사람들과 이제는 순할 수밖에 없는 사람들이 다 같이 잠들어 있다

파랑새

녹두꽃 향기에
정말 피었나 만져 보고
아 이름까지 빼앗기고 살던 때……

"새야 새야 파랑새야"
눈 비벼 봐도 들리는 노래
눈 비벼 봐도 정녕 들리는 노래

갇혔던 새 아니던들
나는 마디마디
파란 하늘이 그리 스몄으리

꿈 같은 기쁨 지닌 채
파란 날개 상하고

녹두 이랑에 서리가 나려……

파랑새 운다
불 탄 잔디 푸르러지라
마른 잔디 꽃이 피라고

하늘은 오늘도 차고
얼음장 밑에 흐르는 강물
파랑새 운다

1930년 上海

겨울날 아침에
입었던 꽈쓰(袿子)[1]를 전당잡혀
따빙(大餠)[2]을 사먹는 쿠리(苦力)가 있다

알라 뚱시(東西)[3] 치롱 속에
넝마같이 팔려 버릴
어린 아이가 둘
한 아이가
나를 보고 웃는다

1) 袿子 : 중국옷 上衣
2) 大餠 : 호떡
3) 알라 東西 : 넝마장수(알라—외치는 소리, 東西—물건)

1945년 8월 15일

 그때 그 얼굴들. 그 얼굴들은 기쁨이요 흥분이었다. 그 순간 살아 있다는 것은 축복이요 보람이었다. 가슴에는 희망이요, 천한 욕심은 없었다. 누구나 정답고 믿음직스러웠다. 누구의 손이나 잡고 싶었다. 얼었던 심장이 녹고 막혔던 혈관이 뚫리는 것 같았다. 같은 피가 흐르고 있었다. 모두 다 '나'가 아니고 '우리'였다.

길쌈

짜여 나가는 필목
100프로 무명이라야 한다

베틀 위에 명주가
메이센(銘仙)으로 바꾸어 가기도 하였다

그들

만리장성
피라미드
그들의 피가 흐르고 있다.

그리스의 영광
로마의 장엄
그들의 신음소리가 들린다.

7

너는 아니다

너같이 영민하고
너같이 순수하고

너보다 가여운
너보다 좀 가여운

그런 여인이 있어
어덴가에 있어

네가 나를 만나게 되듯이
그를 내가 만난다 해도

그 여인은
너는 아니다

순간

唐人里 上空에 제트기 소리
홀연 지구 반경의 거리가 溶解된다

까만 저 오버에 눈을 맞으며
너는 '피프스 아베뉴'를 걷고 있다

'티파니'의 쇼윈도는
별들을 들여다보는 유리창

'푸리츨' 장사 군밤 굽는 연기에
너는 향수를 웅얼거린다

"산새는 왜 우노 시메산골
영 넘어가려고 그래서 울지"

너의 모습이 점점 흐려진다
헤지지 않아도 되었을 이별이 있다

작은 기억

벽 위에 그림자는
그림 속의 애인들과도 같았다

둘의 머리칼은 스칠 듯하다가도
스치지는 않았다

이따금 숨결이 합할 때마다
불꽃이 나부꼈다

촛불을 들여다보며 새우던 밤
창밖에는 눈이 나렸다

전해 들은 이야기

　잔주름져가는 눈매를
　그녀가 그렇게 슬퍼하는 것은
　이제는 사람들의 눈을 기쁘게 하지 못한다는 그런 아쉬움도 아니오
　중년부인이란 말이 서운하여서도 아니다
　그녀를 그렇게 슬프게 하는 것은
　세월도 어찌하지 못하는, 언제나 젊은 한 여인이 남편의 가슴 어딘가에 숨어 있다는 사실이다

달무리 지면

달무리 지면
이튿날 아침에 비 온다더니
그 말이 맞아서 비가 왔네

눈 오는 꿈을 꾸면
이듬해 봄에는 오신다더니
그 말은 안 맞고 꽃이 지네

생각

아침 햇빛이 창에 들어
여윈 내 손을 비추입니다

문갑에 놓여 있는 당신 사진에
따스한 봄빛이 어리웁니다

오늘도 님이여 나의 사랑은
멀리서 드리는 생각입니다

진달래

겨울에 오셨다가
그 겨울에 가신 님이

봄이면 그리워라
봄이 오면 그리워라

눈 맞고 오르던 산에
진달래가 피었소

노젓는 소리

달밤에 들려 오는
노젓는 소리

만나러 가는 배인가
만나고 오는 배인가

느린 노젓는 소리
만나고 오는 배겠지

8

琴兒戀歌

1

길가에 수양버들
오늘 따라 더 푸르고

강물에 넘친 햇빛
물결 따라 반짝이네

임 뵈러 가옵는 길에
봄빛 더욱 짙어라

2

눈썹에 맺힌 이슬
무슨 꿈이 슬프신고

흩어진 머리칼은
흰 낯 위에 오리오리

방긋이 열린 입술에
숨소리만 듣노라

3

높은 것 산이 아니
멀은 것도 바다 아니

바다는 건널 것이
산이라면 넘을 것이

못 넘고 못 건너가올
길이오니 어이리

4

모시고 못 산다면
이웃에서 사오리다

이웃서도 못 산다면
떠나 멀리 가오리다

두만강 강가이라도
이편 가에 사옵고저

5

보는 것만이라도
기쁨이라 하셨나니

지금도 이 땅 위에
같이 살아 있는 것을

어떻다 그 기쁨만도
드려서는 안되는고

6

추억에 지친 혼이
노곤히 잠드올 제

멀리서 가만가만
들려 오는 발자욱은

꿈길을 숨어서 오는
임의 걸음이었소

7

그리워 애달파도
부디 오지 마옵소서

만나서 아픈 가슴
상사보다 더하오니

나 혼자 기다리면서
남은 일생 보내리다

8

목청이 갈라지랴
엷은 가슴 미어질 듯

제 사랑 제 못 이겨
우는 줄도 아옵건만

아쉬운 마음이라서
행여행여 합니다

9

번지고 얼룩지고
마디마디 아픈 글을

입술 깨물고서
말 만들어 보노라니

구태여 흐르는 눈물
편지 다시 적시오

10

날 흐린 바다 위에
갈매기들 우는고야

흩어진 머리칼에
빗질 아니 하시리니

비나니 임의 나라에
날씨 명랑합소서

11

때마다 안타까워
불러 보는 그 이름은

파란 하늘 푸른 물결
두 사이를 지나가서

애달픈 목소리라도
다시 들려 주어라

12

하루를 보내노면
와서 있는 또 하루를

꽃이 져도 잎이 져도
찾아오는 또 하루를

닥쳐올 하루하루를
어찌하면 좋으리오

13

오실 리 없는 것을
기다리는 이 마음을

막차에 나리실 듯
설레는 이 가슴을

차 가고 정거장에는
장명등이 꺼지오

14

예서 마주 앉아
꽃다발을 엮었거니

흩어진 가랑잎을
즈려밟는 황혼이여

여울에 그림자 하나
흘러흘러 갑니다

15

문갑에 놓인 사진
고요히 빛을 잃고

어스름 어슴푸레
이 하루도 저무를 제

나뭇잎 지는 소리를
아픈 가슴 듣노라

16

꿈같이 잊었과저
구름같이 잊었과저

잊으려 잊으려도
잊는 슬픔 더욱 커서

지난 일 하나하나를
눈물 적셔 봅니다

17

설움은 세월 따라
하루 이틀 가오리다

아름다운 기억만이
가슴속에 남으리다

옛 얼굴 떠오르거든
고이 웃어 주소서

18

훗날 잊혀지면
생각하려 아니하리

이따금 생각나면
잊으려도 아니하리

어디서 다시 만나면
잘 사는가 하리라

9

이 순간

이 순간 내가
별들을 쳐다본다는 것은
그 얼마나 화려한 사실인가

오래지 않아
내 귀가 흙이 된다 하더라도
이 순간 내가
제 9교향곡을 듣는다는 것은
그 얼마나 찬란한 사실인가

그들이 나를 잊고
내 기억 속에서 그들이 없어진다 하더라도
이 순간 내가
친구들과 웃고 이야기한다는 것은

그 얼마나 즐거운 사실인가

두뇌가 기능을 멈추고
내 손이 썩어가는 때가 오더라도
이 순간 내가
마음 내키는 대로 글을 쓰고 있다는 것은
허무도 어찌하지 못할 사실이다

어느 해변에서

그는 해변가에 차를 대고
빗방울 흐르는 창으로
바다를 바라다보고 있다
옆에 앉아 있는 늙은 개도
바다를 바라다보고 있다

나의 가방

해어진 너의 등을 만지며
꼬이고 말린 가죽끈을 펴며
떨어진 장식을 맞춰도 본다

가을 서리 맞은 단풍이
가슴에다 불을 붙이면
나는 너를 데리고 길을 떠난다

눈 위에 달빛이 밝다고
막차에 너를 싣고
정처 없는 여행을 떠나기도 하였다

늙었다――너는 늙었다
나도 늙었으면 한다
늙으면 마음이 가라앉는단다

제2악장

모차르트 피아노 협주곡 제2악장
베토벤 운명 교향곡 제2악장
브람스 2중협주곡 제2악장
차이코프스키 현악4중주 제2악장
그리고
비올라
알토는
나의 사랑입니다.

어떤 오후

오래 쌓인 헌 신문지를
빈 맥주병들과 같이 팔아 버리다

주먹 같은 활자로 가로지른 기사도
5단 내리뽑은 사건도——

나는 지금 뜰에서
꽃이 피는 것을 바라다보고 있다

古木

나비와 벌들이
찾아온 지 여러 해
햇빛 비치고
비 적시기도 한다

이 봄

봄이 오면 七旬
古木에 새순이 나오는 것을
들여다보고 또 들여다본다

연못에 배 띄우는 아이같이
첫나들이 나온 새댁같이
이 봄 그렇게 살으리라

落花

슬프게 아름다운 것
어젯밤 비바람에 지다
여울에 하얀 꽃잎들
아니 가고 머뭇거린다

서른 해

희어가는 귓머리를
눈으로 만져 보다

검게 흐르는 윤기
한 번도 쓰다듬어 주지 않았었다

길들은 염주를 헤어 보듯
인연의 햇수를 세어 본다

어떤 油畫

오래 된 유화가 갈라져
깔렸던 색채가 솟아오른다

지워 버린
지워 버린 그 그림의

長壽

회갑 지난
제자들이 찾아와
나와 같이 대학생 웃음을 웃는다
내 목소리가 예전같이 낭랑하다고
책은 헐어서 정들고
사람은 늙어서 오래 사느니

晩秋

한 잎, 두 잎, 대여섯 잎
그러다 바람이 불면
앞이 아니 보이게 쏟아져

낙엽이 뺨에 부딪친다
내 눈을 스치던 그 머리카락
기억은 헐벗은 나무 같다

바바리 깃을 세우고
낙엽에 묻히는
十一월 오후를 걷는다

殘雪

아침
하얀 눈 우에
파란 빛이
서려 있었다
이제
진흙에 섞인
저 희끗희끗한 눈 우에
석양이 비친다

선물

너는 나에게 바다를 선물하였구나
네가 준 소라껍질에서
파도소리가 들린다.

너는 나에게 산을 선사하였구나
네가 준 단풍잎 속에서
붉게 타는 산을 본다.

너는 나에게 저 하늘을 선사하였구나
눈물어린 네 눈은
물기 있는 별들이다.

10

저 안개 속에 스며 있느니

바닷가 모래 위에
그 이름 썼느니
파도는 그것을 지우고
나는 또 쓰고

질화로 사원 재 위에
그 이름을 썼느니
지우고는 또 쓰고
밤이 깊어가는데

세월이 흐르고
이제 그 이름은
재보다 더 고운
저 안개 속에 스며 있느니.

만남

그림 엽서 모으며
살아왔느니

쇼팽 들으며
살아왔느니

겨울 기다리며
책 읽으며——
고독을 길들이며
살아온 나

너를 만났다
아 너를 만났다.

찬란한 불꽃
활짝 피다 스러지고

찬물 같은 고독이
평화를, 다시 가져오다.

새

그래
너 한 마리 새가 되어라

하늘 날아가다
네 눈에 뜨이거든

나려와 마른 가지에
잠시 쉬어서 가라

천년 고목은
학같이 서 있으리니

고백

정열
투쟁
클라이맥스
그런 말들이
멀어져 가고

풍경화
아베 마리아
스피노자
이런 말들이 가까이 오다

해탈 기다려지는
어느 날 오후
걸어가는 젊은 몸매를
바라다본다

꽃씨와 도둑

마당에 꽃이
많이 피었구나

방에는
책들만 있구나

가을에 와서
꽃씨나 가져 가야지

기억만이

햇빛에 이슬 같은
무지개 같은
그 순간 있었느니

비바람 같은
파도 같은
그 순간 있었느니

구름 비치는
호수 같은
그런 순간도 있었느니

기억만이
아련한 기억만이

내리는 눈 같은
안개 같은

너

눈보라 헤치며
날아와

눈 쌓이는 가지에
나래를 털고

그저 얼마동안
앉아 있다가

깃털 하나
아니 떨구고

아득한 눈 속으로
사라져 가는
너

이런 사이

한여름
색깔 끈끈한 油畵
그런 사랑 있다지만

드높은 가을 하늘
수채화 같은 사이
이런 사랑도 있느니

작품해설

皮千得의 시세계

진실의 아름다움

석 경 징

(서울대 교수·영문학)

『생명』을 읽으시는 여러분께서는 제가 아주 사사로운 어투로 이 글을 적는 것을 용서해주시기 바랍니다. 여기에 담긴 시편들은, 어느 분이라도 새삼스레 무슨 해설이 필요하겠느냐고 하실 만큼 평명합니다. 어렵거나 드물게 쓰이는 말이 거의 없을 뿐 아니라 마디의 연결이나 전체의 짜임새도 읽는 이의 지능을 시험하려는 듯한 기색이 조금도 없습니다. 읽어서 모를 말로 되어 있지 않기 때문입니다. 그러나 그런 평명성 때문에 시가 무작정 쉽다는 뜻은 아닙니다. 담고 있는 뜻을 단번에 모두 읽어내게 되어 있지는 않습니다. 이를테면 「비 개고」라는 짧은 시가 있습니다.

　햇빛에 물살이

잉어같이 뛴다.
"날 들었다!" 부르는 소리
멀리 메아리친다.

—「비 개고」 전문

얼핏 보기에 비 온 뒤의 광경을 어린이의 정서적 차원에서 그려놓은 것으로 생각됩니다. 그런 점에서 묘사는 정확 그 자체입니다. 물살에 햇빛이 잉어같이 뛴다고 할 수도 있겠으나 뛰는 것은 역시 물살입니다. 장마철에 물이 불어서 샛강이나 개울로 올라온 잉어를 마을 청년들이 잡을 때, 튀는 잉어와 쫓는 청년들이 이루는 힘차고 빠른 움직임을 연상케 합니다. '햇빛에 물살이/잉어같이 뛴다'라는 네 마디의 간결한 표현은 비 개인 뒤 햇빛의 선명함과 물살의 움직임이 어우러져 이루는 역동감을 극도로 절약된 언어적 표현, 즉 최대한의 효율성을 지니고 사용된 수사적 기법이 조화를 이루며 달성한 시적 형상화의 한 전범(典範)과 같습니다. 그러나 다음 두 행이 없었더라면 이 시는 일종의 광경 묘사에 그쳤을 것입니다. 앞의 두 행이 자연의 한 면을 대상으로 그린 것이었다면 "날 들었다!" 부르는 소리/멀리 메아리친다'라는 두 행은 사람 사는 곳의 한 장면입니다. 날

든 것을 반기는 소리로 읽으면 지루한 장마비 같은 것을 연상할 수도 있으나, 어찌 되었든 느끼는 힘이 강한 사람이면 비가 개이고 날이 들거나, 맑던 날이 흐리고 비나 눈이 오거나 하는 그 변화 자체를 신기하게 여기고 거의 반사적으로 반응을 보일 것입니다. 어쨌거나 날 들었다고 '외치지'를 않고 '부른다'라고 되어 있는 것도 주의해야 하리라고 봅니다. 부른다는 것은 누구를 부른다든가 노래를 부른다고 할 때의 '부른다'입니다. 결코 혼자서 상대 없이 지르는 '날 들었다!'란 소리가 아닙니다. 또 경악이나 공포를 반영할 수도 있는 '외침'이 아니라 이웃사람의 화답을 기대하는 '부름'이고 따라서 즐겁게 고양된 감정을 노래하는 '부름'입니다. 또 '멀리서' 메아리치는 것이 아니라 '멀리' 메아리친다고 한 것에도 주목할 만합니다. 메아리는 소리 낸 사람에게 돌아오는 것이므로 '멀리 메아리친다'는 것은 '날 들었다!'고 노래 부르듯, 또는 누군가를 부르듯 소리친 사람의 위치에서 떨어진 소위 제3자의 자리에서 서술하는 말입니다. 그렇다 하더라도 그 메아리가 이 제3자에게 돌아오는 소리로 그려져 있지는 않으므로, 이 대목은 말하자면 물살이 퍼져나가듯 한 사람의 "날 들었다!"란 말을 받아 다른 사람이 "날 들었다!"고 하고, 또 그 소리를 받아(원래 '부르며' 낸 소리였으니까) 제3의 사람이 응답하듯 불러나가는 것을 그려내고 있습니다. 앞의 두 행에 자연 변화의 일단을 담았다면 뒤의 두 행에는 사람 사는 세상의 한 정경을 담아서 결국 자연과 인간이 어울린 리얼리티의 편린을 그려놓고 있습니다.

짧은 시 「비 개고」를 놓고 이런 말을 하는 것을 지나친 확대해석이라고 하실른지도 모르고, 인간세상이 어디 '날 들었다!'고 부를 때의 평화로움, 정감 어린 태도, 이해득실을 떠난 순수한 것을 기뻐하는 태도 등으로만 되어 있겠느냐고 하실 것도 같습니다만 시가 만약에 사람의 본질에 있는 귀한 가치를 드러낸다면, 그래서 읽는 이로 하여금 그것에 다시 눈뜨게 한다면, 「비 개고」야말로 그 일을 뛰어나게('뛰어나게'란 늘 비교적인 말입니다) 표현해주고 있다고 하겠습니다.

또한 이런 일이 짧은 시에서만 우연히 이루어진 것이 아니란 것은 『생명』에 실린 다른 시편들을 읽으신 여러분께서 인정하시리라 믿습니다.

한편 언어의 극단적 절약, 기법의 정확성만으로는 서술 자체를 철학적 추상성이나 논리적 기호성으로만 지탱하는 것이 되기 쉬워 시에서 윤기나 여유를 빼앗아가는 수가 많습니다. 절약과 여유를 함께 이야기한다는 것은 모순되는 것 같기도 합니다만 언어의 절약과 정서의 여유가 공존할 수 없는 것이 아님을 「아가의 슬픔」과 「꽃씨와 도둑」에서 읽어낼 수 있습니다. 「아가의 슬픔」의 아가는 그가 품는 의문의 불가해성으로 보아 철학자라 할 수 있겠습니다. 자기를 '나놓고' '성화 멕힌다'니 이해할 수 없다고 하는 것이나 큰 사람들이 놀지 못하는 것(즐겁게 지내지 못하는 것)을 보고 어른이 되고 싶지 않다며 항의를 하는 것은 성미 고약한 못된 아이의 반항의 표시로서가 아니라 엄마보다도 깨달음이 앞선 듯한, 어른보다도 도량이 넓은 듯한 '의뭉스런' 아이의 혼잣말 비슷하게(왜냐하면 엄마에게 말은 하지만 답이 나오지 않을 것이 뻔하니) 되어 있습니다. 이 아이의 답답한 심정을 표현한 거의 무뚝뚝하다 싶은 언어는 기묘한 유머를 자아내고 있으며 따라서 제목의 '슬픔'은 보통의 슬픔이 아니고 매우 철학적인 슬픔이라 하겠습니다. 그런데 이런 능청스러움이랄까 해학적인 맛은 『생명』의 시편들 속에 널리 나타나 있어서 아마도 중요한 특질의 하나가 되어 있다 하겠고, 그 점은 「꽃씨와 도둑」에도 재미있게 나타납니다. 만약 제목이 그냥 「꽃씨」였다면, 그 사람이 아들의 하숙집을 처음 찾아온 아버지처럼 생각될 수도 있고 오랜만에 친구집에 들른 사람으로 이해될 수도 있는데, 그렇더라도 뜻이 아주 무너지는 것은 아니지만, 이 사람이 도둑이 되면 아연 의미의 차원과 범위가 확대되고 복잡해지면서 '삼엄한' 통일을 이룹니다(이런 점에서 시의 제목의 기능, 특히 짧은 시에서의 제목의 역할에 대해 주목하게 됩니다). 이 시에는 두 사람이 나타납니다. 한 사람은 집주인(혹은 방주인)이고 또 한 사람은 물론 도둑입니다. 그 도둑은 꽃을 알고, 책을 알며, 꽃의 아름다움을 탐하는 도둑입니다. 요새는 책도 집어다 팔면 돈이 되고, 꽃도 절차여하에 따라서는 돈이 됩니다. 그러고 보면 이 사람은 사실 도둑이 아닙니다. 아마 이 집에 들어오기 전에는 도둑이었는지도 모르겠고 나가면 다시 도둑으로 되돌아갈른지도 알 수 없으나, 꽃이 많이 핀 것을 눈여겨보고, 가난하게 공부하는 이의 형편을 이해하는 듯한 태도를 보면 무슨 상당한 인격의 소유자 같지 않습니까? 옛부터 책도둑은 도둑이 아니라는 말도 있고, 꽃씨를 무단으로 가져갔다해서 그것이 가게에서가 아니라면 지금인들 어찌 도둑이라 하겠습니까? 도둑이라면서 도둑 아닌 사람이 등장하는 이런 상황을 지어내는 시인의 얼굴에 띤 알 듯 모를 듯한 미소를 짐작케 하는 이 시에는 도둑 아닌 도둑의 유머감각이랄까 느긋하고 여유 있는 배포랄까 하는 것이 시인 자신의 그것과 어우러져 형언키 쉽지 않은 유쾌

한 느낌을 일으켜줍니다.

 이런 결과는 아마도 사람의 본질에 있는 심오한 단순성에 대한 통찰에서 기인하는 것이라 짐작됩니다. 어린이는 단순하고, 단순함을 노래하는 것이 곧 어린이의 노래라는 그런 유치하게 단순한 논리로 볼 것이 아니라 겉모양이 아무리 복잡해도 그 핵심에는 단순함이 깊이 있으며 사람의 경우 이런 단순함의 구현체가 어린이 혹은 어린이를 한 사람씩 품고 있는 어른임을 아는 것이 중요합니다.

 이런 단순성은 궁극적으로는 선을 지향하는 것으로, 단순하고 착한 심성이 섬세한 느낌과 합쳐질 때 관심은 자연히 주변사람에게 쏠리게 되기 마련입니다.

 「무악재」에 나타나는 '긴 벽돌담'은 서대문형무소의 그것일 것이고, 담을 끼고 지나가는 어린 학생들을 그 담 안에서 생각하고 계실 '당신'은 아마도 어린것들을 가르치던, 그러다가 그것 때문에 담 안에 갇히게 된 지도자이겠지요. 이 시는 우리 민족이 일제하에서 겪었던 어려움을 평행논리로 쉽게 마음에 떠오르도록 해줍니다. 고생하는 지도자와 그를 사랑하고 존경하는 숭배자 사이의 뜨거운 정이 넘치는 관계를, 지도자가 가르치던 어린것들 사이에 놓고, 뻣뻣하게 힘이 들어가고 힘찬 기상이 거칠게 드러나는 말이 아닌 그

야말로 단순한 어린이의 말과도 같은 말로 얼마나 아름답게 그려놓았습니까?

「국민학교 문 앞을 지날 때면」도 같은 맥락에서 이해될 수 있는 시이지만,「무악재」에 담겨 있는 '지도자', '어린것들', '나'의 셋이 이루는 우리의 이웃에 대한 가슴 아프도록 절절한 사랑의 표현은 당하기 어려울 것입니다. 더군다나 이 시가 쓰여진 시기로 보아 '과거는 없고 희망만 있는 어린것들'이라는 대목이 반어적으로 울려놓는 한스런 느낌은 읽는 이로 하여금 멍하니 정신을 잃게 하지 않습니까?

시는 정치가 아니므로 세상의 정치적, 사회적 갈등의 질풍노도는 '너는 이제 무서워하지 않아도 된다. 가난도 고독도 그 어떤 눈길도'(「너는 이제」 중에서)라는 시적 승화의 차원에 반영되는 것이 당연하다 하겠습니다. '너같이 순한 사람들과 이제는 순할 수밖에 없는 사람들이 다 같이 잠들어 있는' 곳은 글자 그대로의 뜻으로는 죽음의 경지이겠으나, 살아가는 이 세상에 이런 경지를 비춰 보이려는 뜻이 죽은 것이랄 수는 없습니다. 오히려 '꽈쓰를 전당잡혀/따빙을 사 먹는 쿠리'(「1930년 上海」 중에서)가 있고, '치롱 속에/넝마같이 팔려버릴/어린 아이가 둘/한 아이가/나를 보고 웃는다'(같은 시) 세상을 드러내는 시인에게는 「너는 이제」에 나타난 바는 고도의 용기를 필요로 하는 도덕적 결단의 결과 도달하는 곳이라고 봐야 하지 않겠습니까?

원래 감정이 풍부한 사람이 자기중심주의에 빠지기는 어렵습니다. 필연적으로 다른 사람을 생각하고 걱정하며 사랑하게 됩니다. 여기 모인 시편 중에 사랑의 시가 적지 않은 것은 아주 당연한 것이며 그 사랑의 시는 활활 타오르는 불과 같은 사랑으로부터 마치 감정의 찌꺼기를 모두 씻어버리고 한겨울 창호지에 햇볕이 쪼인 듯한 낮은 숨결의 사랑에 이르기까지 다양하게 하나의 스펙트럼을 이루고 있는 듯합니다. 형식과 제재가 완벽하달 수 있을 정도로 조화를 이룬 「琴兒戀歌」의 모든 시편은 물론이고, 정열적 사랑의 한 측면인 「후회」도 다음과 같이 읽을 수도 있습니다.

산길이 호젓다고 바래다 준 달
세워놓고 문 닫기 어렵다거늘
나비같이 비에 젖어 찾아온 그를
잘 가라 한 마디로 보내었느니

—「후회」 전문

이 시에서 후회를 하고 있는 이는 밤길을 따라오며 비춰 준 달조차 차마 문을 닫아 집안에 들지 못하도록 하지는 못하는 그런 섬세한 느낌의 소유자이면서, 약하디 약한 모습으로 찾아온 그를 잘 가라는 한 마디로 돌려보냈습니다. '그'를 보고, 그가 흐느적거리며 나는 나비처럼 마치 비에 젖은 듯이 기운이라고는 조금도 없는 형편에 있다는 것을 알아차린 것으로 보아서, 결코 무정하거나 둔감한 사람이 아니라는 것은 분명합니다. 그러니 '그'를 이렇게 보낸 이의 매몰찬 성미를 느끼게 되는 것이 아니라, 이 사람이 얼마나 엄청난 후회에 빠져 있는가를 생각케 되며, 이런 후회의 절정은 바로 깊은 사랑의 중요한 일이 아니겠습니까?

사랑의 또다른 극단을 '마른 가지'인 나에게 잠시 쉬었다 가는 「새」에서도 읽을 수 있고, 또 『생명』의 뒷부분에 실린 「너」에서도 읽을 수 있습니다.

눈보라 헤치며
날아와

눈 쌓이는 가지에
나래를 털고

그저 얼마 동안
앉아 있다가

깃털 하나
아니 떨구고

아득한 눈 속으로
사라져 가는
너

―「너」 전문

여기에 나타나는 '너'는 우선 감정의 발동을 극도로 억제하는 '나'의 애인일 수 있습니다. '너'는 보통의 애인이라고 하기에는 너무나 절제된 감정을 갖고 있어서 '내'게 보이는 태도는 거의가 종교적 연민과 성질이 같은 것이 아닌가 하는 느낌마저 들게 합니다. 그러나 우리는 이 시를 문맥 없이 읽지는 않기 때문에 '나'의 자기 억제, 구도적 안정 같은 것을 쉽게 알아차리게 되기도 합니다. 그러나 이 시가 갖는 또다른 의미의 차원은 '너'를 '나'를 가리키는 말로 보았을 때 열립니다. 그렇게 되면 여러 말 필요 없이 이 세상과, 이

세상의 우연한 방문자로서의 '나'의 관계를 짐작케 되며, 동시에 고독하기는 하나 고고한 깨달음의 경지를 읽게 되기도 합니다.

제가 처음에 말씀드렸듯이 무슨 해설이 필요하겠습니까? 다만 시편 속에 표시된 길잡이대로 읽어내는 능력에 따라 정신과 감정이 짜내는 헤아릴 수 없이 많은 아름다운 무늬 사이를 노닐게 될 뿐 아닙니까? 다만 아주 말씀드려두기로 한다면 이런 문제는 그냥 남습니다. 즉 시가 진실을 담아낸다면 그것은 아마도 세 가지 측면에서일 것입니다. 시의 재료인 언어, 또 시의 모양인 형식, 그리고 시에서 말하고 있는 내용으로 말입니다. '비에 젖은 나비'나 '잉어같이 뛰는 물살'이 보여주는, 절제되었으나 정확하기 이를 데 없는 비유를 비롯하여, 뛰어나고 진실된 언어구사가 있음에도 불구하고, 또 진실되고 고매한 경지에 이른 삶을 짐작케 하는 내용이 담겨 있음에도 불구하고 여전히 해결되지 않고 남아 있는 문제는 바로 시의 모양에 관한 것입니다. 즉 우리 나라 말로 시를 짓는다는 것은 어떤 일을 하는 것인가 라는 의문입니다. 또 짧은 말이 언제 어디서 산문적인 진술과 시적 서술로 갈리는가 하는 의문입니다. 그러나 이런 의문이야말로 우리 나라 말을 사랑하고 그래서 시를 애써 짓고,

읽고 즐기는 모든 이가 풀어야 할 의문 아니겠습니까? 지금은 다만 이 순간에 아름다운 시를 읽는다는 것이 '얼마나 찬란한 사실인가'를 한번 확인하는 것만으로 족하다 할 수 있지 않겠습니까? 그리고 이와 같은 확인이 가능한 것은 긴 세월에 걸쳐서도 한결같이 흐르는 진실에 대한 사랑이 이 시편들 밑에 깔려 있기 때문이 아니겠습니까?

■ 피천득 시인에 대하여

1910년　5월 29일(음 4월 21일) 출생.
1916년　7세 때 아버지를 여읨.
1919년　10세 때 어머니마저 여읨. 서울 제일고보第一高普 부속국민학교 입학.
1923년　같은 학교 4년 수료. 서울 제일고보에 입학.
1926년　상해로 유학. Thomas Hanbury Public School에서 수학.
1929년　상해 호강대학교(University of Shanhai) 예과豫科 입학.
1930년　《신동아》에 시 '서정소곡' '소곡' '파이프' 등을 발표.
1931년　호강대학교 영문학과 진학.
1934년　학창學窓을 떠나 수차 귀국. 금강산 등지에 체류하기도 함.
1937년　호강대학교 영문학과 졸업. 서울 중앙상업학원 교원.
1945년　경성대학교 예과 교수(1946년까지).
1947년　〈서정시집抒情詩集〉(相互出版社) 출간.

1951년 서울대학교 사범대학 교수.

1954년 하버드 대학교에서 연구(1955년까지)

1960년 〈금아시문선琴兒詩文選〉(耕文社) 출간.

1963년 서울대학교 대학원 영어영문학과 주임교수(1968년까지).

1969년 〈산호珊瑚와 진주眞珠〉(一湖閣) 출간.
영문판 〈*A Flute Player*〉를 펴냄.

1974년 서울대학교 교수 퇴직, 미국 여행. 슬하에 2남 1녀. 장남 세영世英은 캐나다에서 치과기공소 경영(전 연극인), 차남 수영守英은 의사(서울 중앙병원 신생아과 과장), 장녀 서영瑞英은 보스톤대학 교수(물리학).

1976년 수필집 〈수필〉(汎友社), 번역시집 셰익스피어 〈소네트 시집〉(正音文庫) 출간.

1980년 〈금아문선琴兒文選〉, 〈금아시선琴兒詩選〉(一湖閣) 출간.

1993년 시집 〈생명〉 〈삶의 노래―내가 사랑한 시·내가 사랑한 시인〉(동학사) 출간.

1996년 수필집 〈인연〉, 번역시집 셰익스피어 〈소네트 시집〉(샘터) 출간.

1997년 미수米壽 기념 琴兒 피천득 문학 전집(샘터) 출간.

2001년 영문판 시·수필집 〈*A Skylark*〉(샘터) 출간. (수필 51편, 시 48수 수록.)

생 명

1판 1쇄 발행 1997년 5월 25일
2판 1쇄 발행 2003년 8월 11일
2판 11쇄 발행 2016년 8월 25일

지은이 피천득
펴낸이 김성구

단행본부 박혜란 이은정 김민기 나성우 김동규
디자인 여종욱 문인순
제 작 신태섭
마케팅 최윤호 손기주 송영호 유지혜
관 리 김현영

펴낸곳 (주)샘터사
등 록 2001년 10월 15일 제1-2923호
주 소 서울시 종로구 대학로 116 (03086)
전 화 02-763-8965(단행본부) 02-763-8966(영업마케팅부)
팩 스 02-3672-1873 **이메일** book@isamtoh.com **홈페이지** www.isamtoh.com

ⓒ 피천득, 2003, *Printed in Korea.*

이 책은 저작권법에 따라 보호를 받는 저작물이므로 무단 전재와 무단 복제를 금지하며,
이 책의 내용의 전부 또는 일부를 이용하려면 반드시 저작권자와 (주)샘터사의 서면 동의를 받아야 합니다.

ISBN 978-89-464-0567-7 03810

값은 뒤표지에 있습니다.
잘못 만들어진 책은 구입처에서 교환해 드립니다.